AF188377

Impressum
Verlag: BABADADA GmbH, Nedderfeld 112 , 22529 Hamburg
Geschäftsführer / Verlagsleitung: Harald Hof
Druck: Books on Demand GmbH, In de Tarpen 42, 22848 Norderstedt

Imprint
Publisher: BABADADA GmbH, Nedderfeld 112 , 22529 Hamburg, Germany
Managing Director / Publishing direction: Harald Hof
Print: Books on Demand GmbH, In de Tarpen 42, 22848 Norderstedt

okul
škola

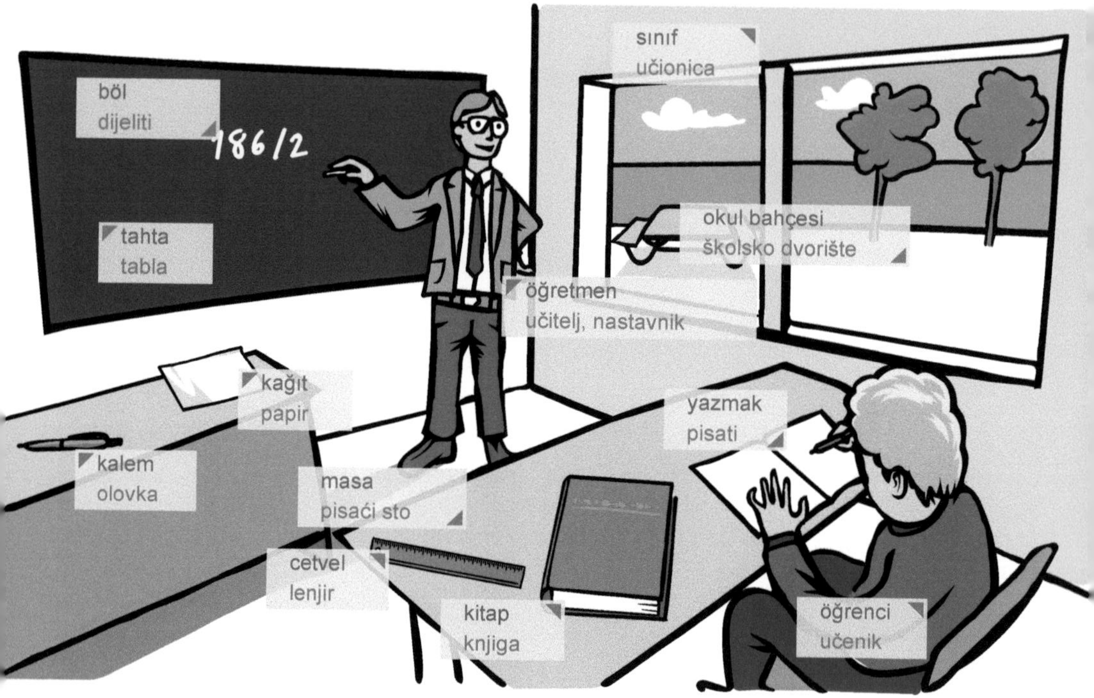

böl
dijeliti
186/2
tahta
tabla
sınıf
učionica
okul bahçesi
školsko dvorište
öğretmen
učitelj, nastavnik
kağıt
papir
yazmak
pisati
kalem
olovka
masa
pisaći sto
cetvel
lenjir
kitap
knjiga
öğrenci
učenik

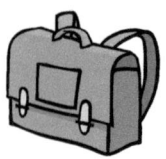

okul çantası

torba

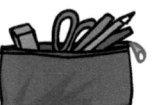

kalemlik

pernica

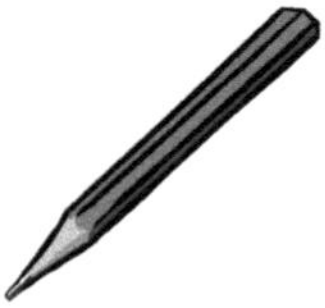

kurşun kalem

drvena olovka

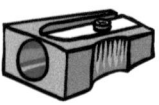

kalem açacağı

šiljalo za olovke

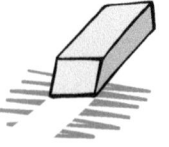

silgi

gumica

çizim defteri

blok za crtanje

çizim

crtež

resim fırçası

kist

boya kutusu

kutija s bojama

makas

makaze

tutkal

ljepilo

alıştırma kitabı

vježbanka

ödev

domaća zadaća

sayı

broj

ekle

sabirati

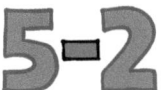

çıkar

oduzimati

çarp

množiti

hesapla

računati

harf

slovo

alfabe

abeceda

kelime

riječ

metin
tekst

okumak
čitati

tebeşir
kreda

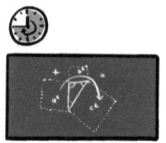

ders
sat

kayıt
školski dnevnik

sınav
ispit

sertifika
svjedočanstvo

okul forması
školska uniforma

eğitim
izobrazba

ansiklopedi
leksikon

üniversite
univerzitet

mikroskop
mikroskop

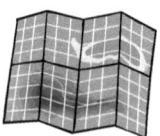

harita
karta

kağıt çöp kutusu
korpa za papir

seyahat
putovanje

otel
hotel
Grand
pansiyon
hostel
ROOMS
döviz bürosu
mjenjačnica
bavul
kofer
otomobil
auto

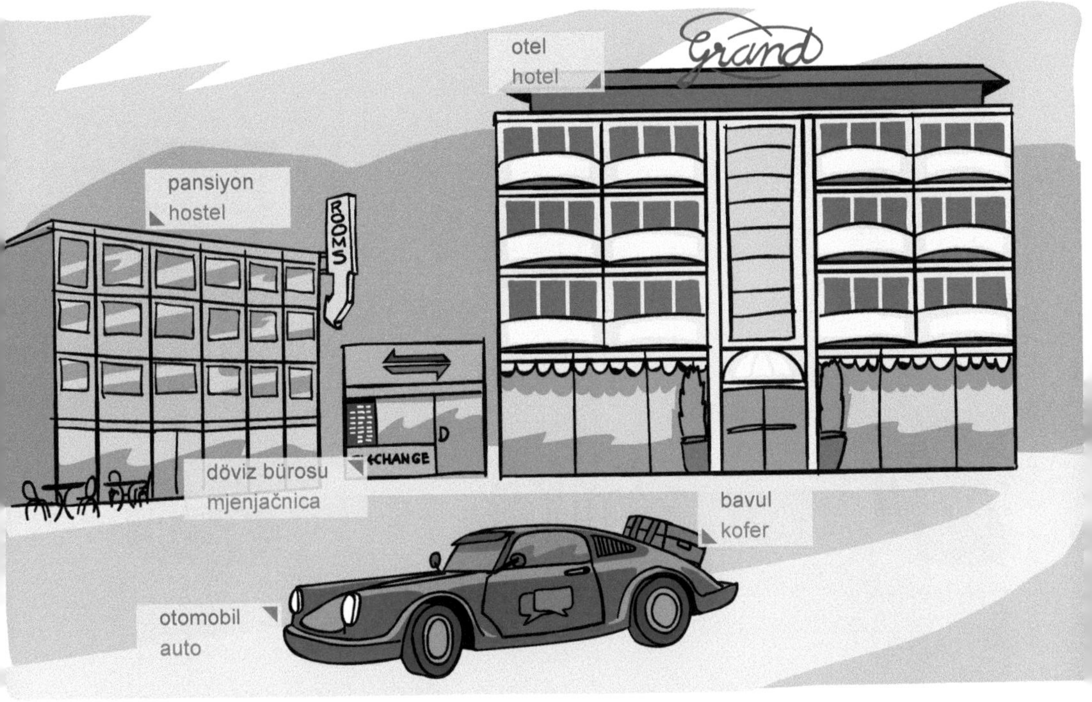

dil

jezik

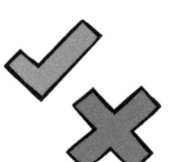

evet / hayır

da / ne

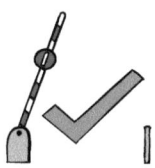

Tamam

okej

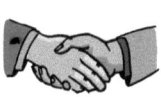

merhaba

zdravo

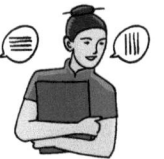

çevirmen

tumač

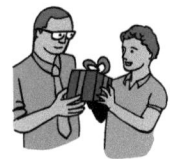

Teşekkür ederim

hvala

bu … ne kadar?

Koliko košta…?

anlamadım

Ne razumijem

problem

problem

İyi akşamlar!

dobro veče!

Günaydın!

Dobro jutro!

İyi geceler!

Laku noć!

güle güle

doviđenja

yön

smjer

bagaj

prtljag

çanta

torba

sırt çantası

ruksak

misafir

gost

oda

soba

uyku tulumu

vreća za spavanje

çadır

šator

turist danışma

turističke informacije

sahil

plaža

kredi kartı

kreditna kartica

kahvaltı

doručak

öğle yemeği

ručak

akşam yemeği

večera

Bilet

putna karta

asansör

lift

pul

poštanska markica

sınır

granica

gümrük

carina

elçilik

ambasada

vize

viza

pasaport

pasoš

ulaşım
transport

uçak
avion

gemi
brod

yangın söndürme pompası
vatrogasno vozilo

otobüs
autobus

kamyon
kamion

motorlu tekne
motorni čamac

bisiklet
biciklo

otomobil
auto

feribot

trajekt

bot

brod

motosiklet

motocikl

polis arabası

policijski automobil

yarış arabası

trkaći automobil

kiralık araba

unajmljeni automobil

ortak araba

kar-šering

çekici

pauk

çöp kamyonu

smećarsko vozilo

motor

motor

yakıt

gorivo

benzinlik

benzinska pumpa

trafik işareti

saobraćajni znak

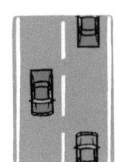

trafik

saobraćaj

trafik sıkışıklığı

zastoj

otopark

parking

tren istasyonu

željeznička stanica

ray

šine

tren

voz

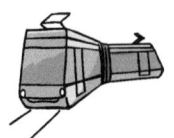

tramvay

tramvaj

vagon

vagon

helikopter
helikopter

havaalanı
aerodrom

kule
toranj

yolcu
putnik

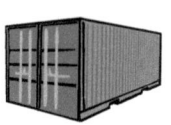

konteyner
kontejner

koli
karton

yük arabası
tačke

sepet
korpa

kalkış / iniş
poletjeti / sletjeti

şehir
grad

köy
selo

şehir merkezi
centar grada

ev
kuća

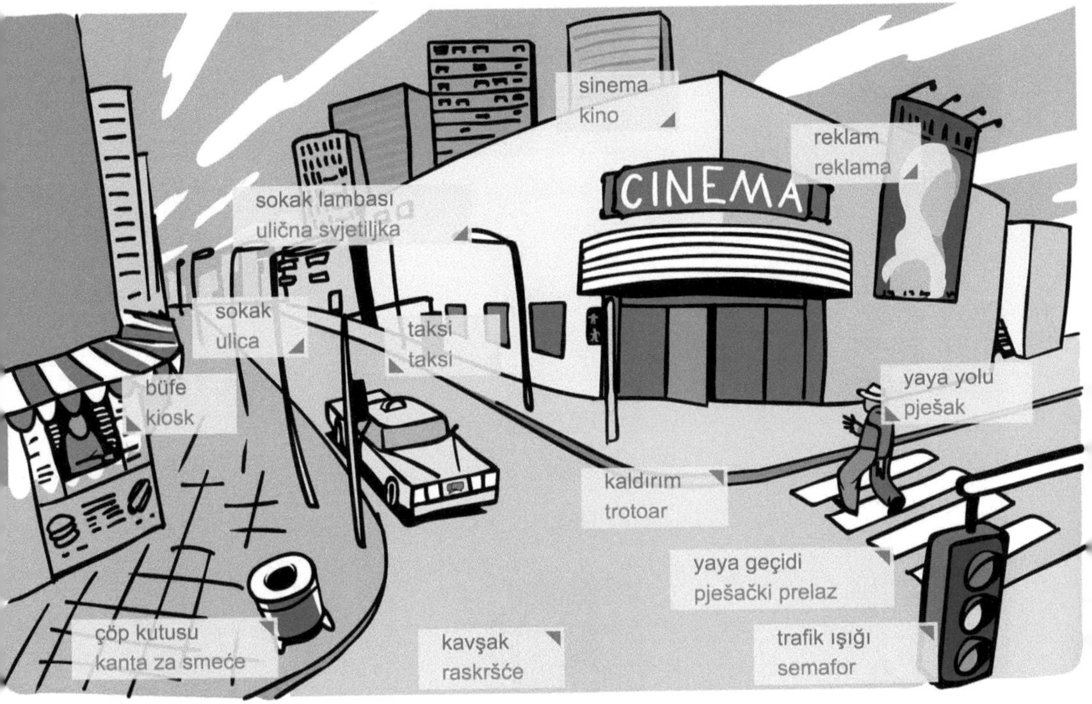
sinema
kino
reklam
reklama
CINEMA
sokak lambası
ulična svjetiljka
sokak
ulica
taksi
taksi
büfe
kiosk
yaya yolu
pješak
kaldırım
trotoar
yaya geçidi
pješački prelaz
çöp kutusu
kanta za smeće
kavşak
raskršće
trafik ışığı
semafor

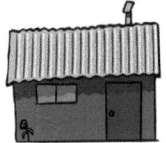

kulübe

koliba

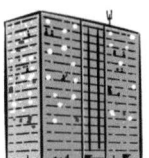

apartman dairesi

stan

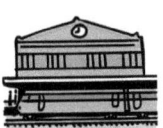

tren istasyonu

željeznička stanica

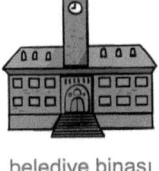

belediye binası

vjećnica

MUSEUM

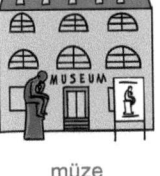

müze

muzej

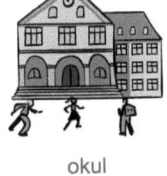

okul

škola

üniverse
univerzitet

banka
banka

hastane
bolnica

otel
hotel

eczane
apoteka

ofis
ured

kitapçı
knjižara

mağaza
radnja

çiçekçi
cvjećara

süpermarket
supermarket

market
pijaca

büyük mağaza
robna kuća

balık satıcısı
prodavač ribe

alışveriş merkezi
trgovački centar

liman
luka

park

park

bank

klupa

köprü

most

merdiven

stepenice

metro

podzemna željeznica

tünel

tunel

otobüs durağı

autobuska stanica

bar

bar

restoran

restoran

posta kutusu

poštanski sandučić

sokak tabelası

saobraćajni znak

otopark sayacı

sat za naplatu parkinga

hayvanat bahçesi

zoološki vrt

yüzme havuzu

bazen

cami

džamija

şehir - grad

13

çiftlik
seosko imanje

kirlilik
zagađenje okoline

mezarlık
groblje

kilise
crkva

oyun alanı
igralište

tapınak
hram

arazi
krajolik

yaprak
list

yön tabelası
putokaz

yol
putokaz

çayır
livada

taş
kamen

ağaç
drvo

yürüyüşçü
putnik

ırmak
rijeka

çimen
trava

çiçek
cvijet

vadi

dolina

tepe

brdo

göl

jezero

orman

šuma

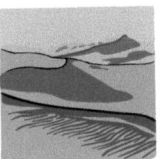

çöl

pustinja

volkan

vulkan

kale

dvorac

gökkuşağı

duga

mantar

gljiva

palmiye

palma

sivrisinek

komarac

sinek

muha

karınca

mrav

arı

pčela

örümcek

pauk

böcek
buba

kurbağa
žaba

sincap
vjeverica

kirpi
jež

yabani tavşan
zec

baykuş
sova

kuş
ptica

kuğu
labud

yaban domuzu
divlja svinja

geyik
jelen

geyik
los

baraj
brana

rüzgar türbini
vjetrenjača

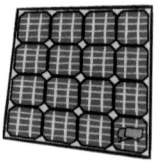

güneş paneli
solarni modul

iklim
klima

restoran

restoran

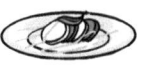

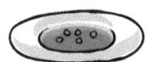

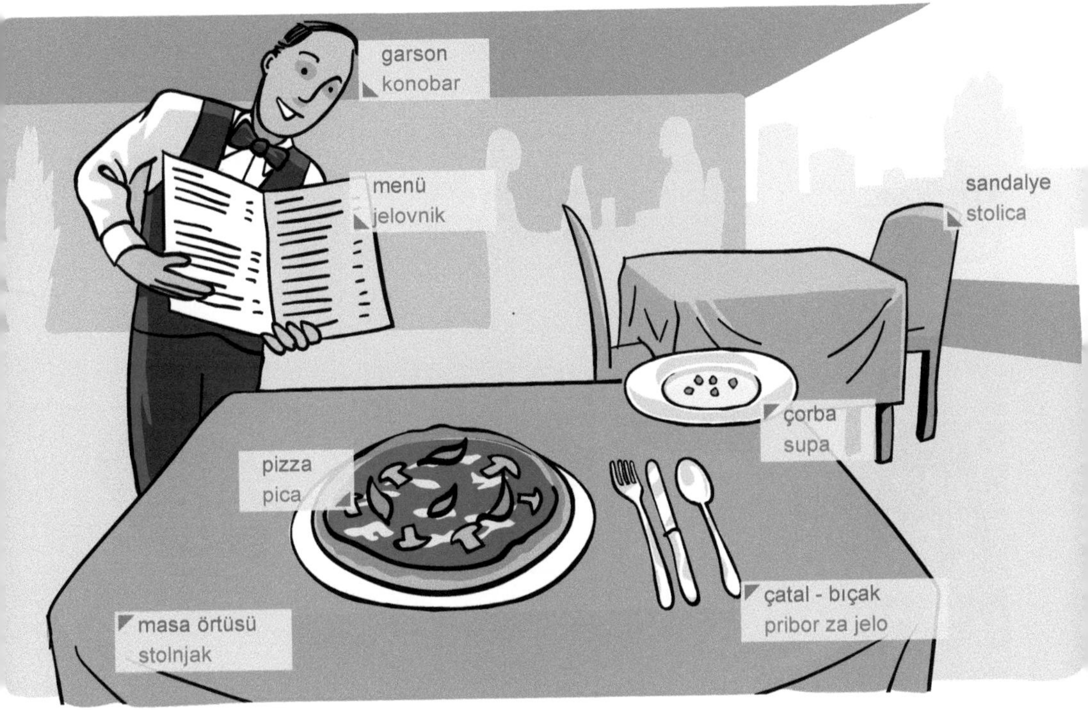
garson
konobar
menü
jelovnik
sandalye
stolica
çorba
supa
pizza
pica
çatal - bıçak
pribor za jelo
masa örtüsü
stolnjak

başlangıç

predjelo

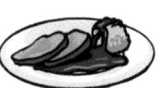

ana yemek

glavno jelo

tatlı

desert

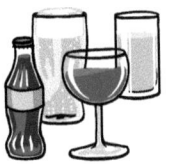

içecekler

piće

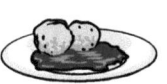

yemek

jelo

şişe

flaša

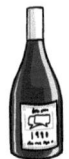

fastfood

brza hrana

sokak yemeği

jelo sa ulice

çaydanlık

čajnik

şekerlik

šećernica

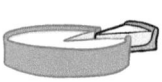

porsiyon

porcija

espresso makinesi

mašina za espreso

mama sandalyesi

barska stolica

fatura

račun

tepsi

tacna

bıçak

nož

çatal

viljuška

kaşık

kašika

çay kaşığı

kašičica

servis peçetesi

salveta

bardak

čaša

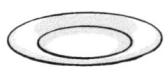

tabak

tanjir

çorba kasesi

tanjir za supu

fincan altlığı

tanjurić

sos

sos

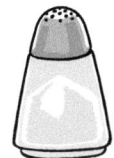

tuzluk

solanik

karabiber değirmeni

mlin za biber

sirke

sirće

yağ

ulje

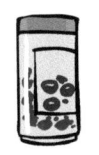

baharat

začini

ketçap

kečap

hardal

senf

mayonez

majoneza

süpermarket
supermarket

özel teklif
ponuda
FOR
müşteri
klijent
süt ürünleri
mliječni proizvodi
meyve
voće
alışveriş arabası
kolica za kupovinu

BUTCHERS

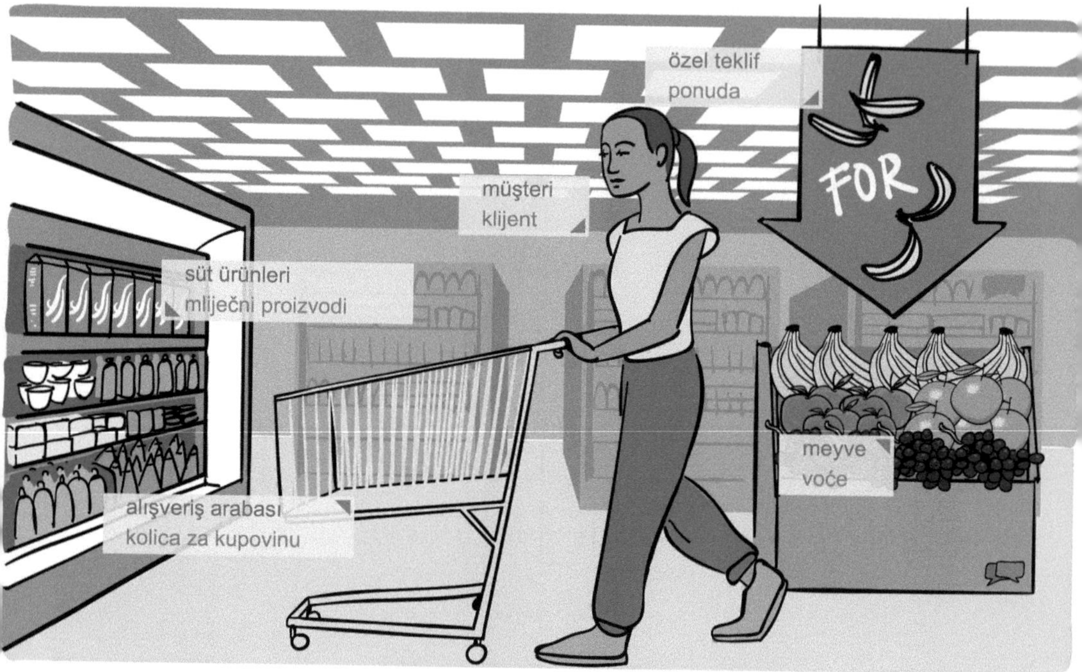

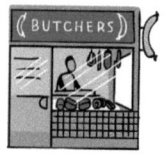

kasap
mesnica- klaonica

BAKERY

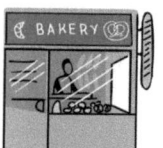

fırın
pekara

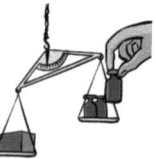

tartmak
vagati

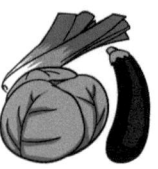

sebze
povrće

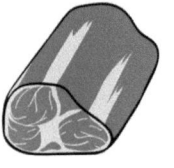

et
meso

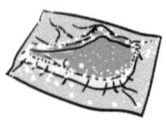

donmuş gıda
zaleđena hrana

söğüş et

narezak

konserve yiyecek

konzerve

toz deterjan

prašak za veš

şekerlemeler

slatkiši

ev temizlik ürünleri

kućanski proizvodi

temizlik ürünleri

sredstvo za čišćenje

satış görevlisi

prodavačica

yazar kasa

kasa

kasiyer

blagajnik

alışveriş listesi

lista za kupovinu

açılış saatleri

radno vrijeme

cüzdan

novčanik

kredi kartı

kreditna kartica

çanta

torba

plastik poşet

najlonska vrećica

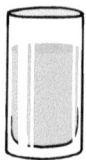

su
....
voda

meyve suyu
....
sok

süt
....
mlijeko

kola
....
kola

şarap
....
vino

bira
....
pivo

alkol
....
alkohol

kakao
....
kakao

çay
....
čaj

kahve
....
kafa

espresso
....
espreso

kapuçino
....
kapućino

muz

banana

elma

jabuka

portakal

narandža

kavun

lubenica

limon

limun

havuç

mrkva

sarımsak

bijeli luk

bambu

bambus

soğan

crveni luk

mantar

gljiva

çerez

orašasti plodovi

makarna

pasta

spagetti

špagete

pirinç

riža

salata

salata

cips

pomfrit

patates kızartması

pečeni krompir

pizza

pica

hamburger

hamburger

sandviç

sendvič

şinitzel

šnicla

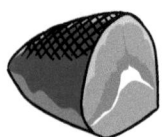

pastırma

šunka

salam

kobasica

sosis

kobasica

tavuk

kokoš

rosto

pečenje

balık

riba

yulaf ezmesi

zobene pahuljice

müsli

muzli

mısır gevreği

kornfleks

un

brašno

kruvasan

kroason

küçük ekmek

zemičke

ekmek

kruh

tost

tost

bisküvi

keksi

tereyağı

maslac

kaymak

svježi sir

kek

kolač

yumurta

jaje

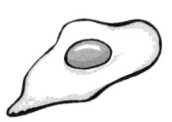

sahanda yumurta

jaje na oko

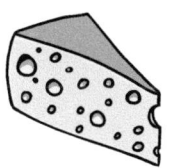

peynir

sir

dondurma

sladoled

şeker

šećer

bal

med

reçel

marmelada

fındık ezmesi

nugat krema

köri

kuri

yemek - jelo

çiftlik
seosko imanje

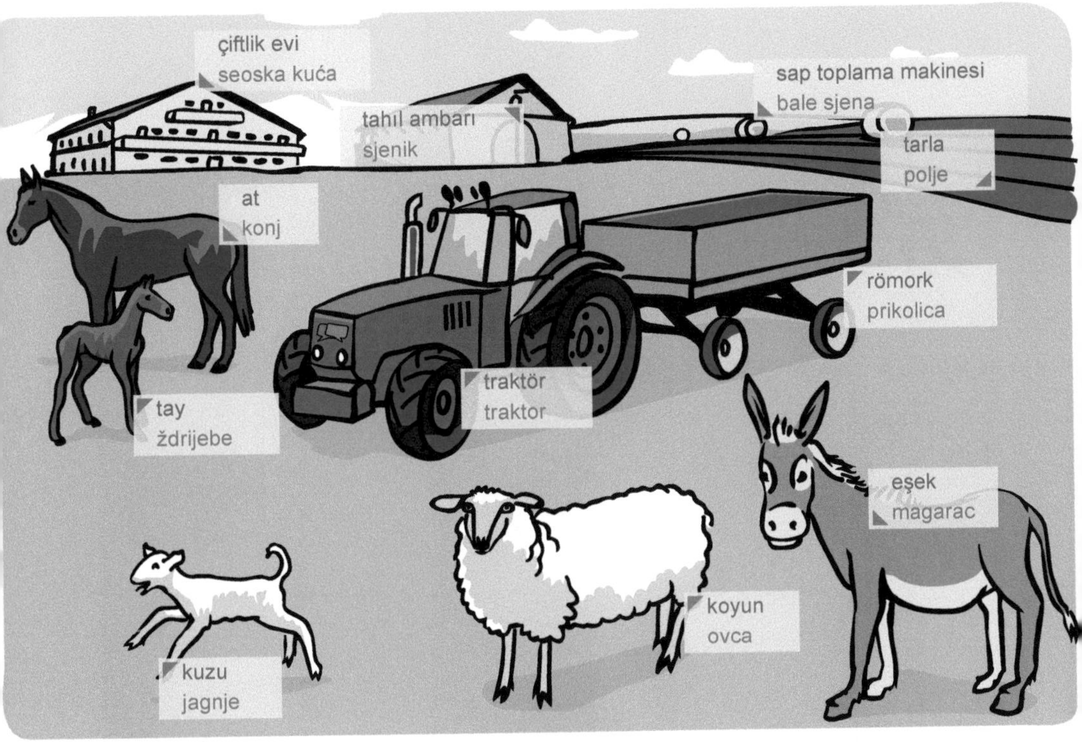
çiftlik evi
seoska kuća
tahıl ambarı
sjenik
sap toplama makinesi
bale sjena
tarla
polje
at
konj
römork
prikolica
traktör
traktor
tay
ždrijebe
eşek
magarac
koyun
ovca
kuzu
jagnje

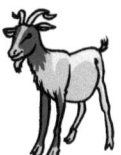

keçi
....
koza

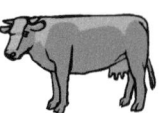

inek
....
krava

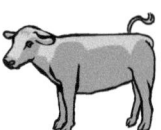

buzağı
....
tele

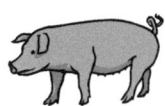

domuz
....
svinja

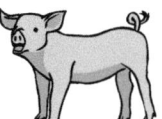

domuz yavrusu
....
prase

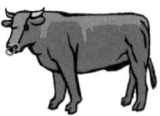

boğa
....
bik

kaz
guska

ördek
patka

civciv
pile

tavuk
kokoška

horoz
pjetao

sıçan
pacov

kedi
mačka

fare
miš

öküz
vol

köpek
pas

köpek kulübesi
pseća kućica

bahçe hortumu
crijevo za baštu

sulama kabı
kanta za zalijevanje

tırpan
kosa

pulluk
plug

çiftlik - seosko imanje

orak

srp

çapa

motika

dirgen

vile

balta

sjekira

el arabası

tačke

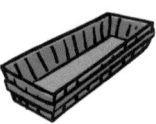

yemlik

korito

süt kovası

bokal za mlijeko

çuval

vreća

çit

ograda

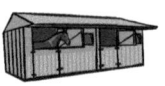

ahır

štala

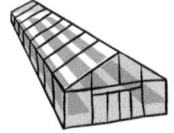

sera

staklenik

toprak

tlo

tohum

sjeme

gübre

đubrivo

biçerdöver

kombajn

çiftlik - seosko imanje

hasat etmek

kositi

harman

žetva

tatlı patates

jam korijen

buğday

pšenica

soya

soja

patates

krompir

mısır

kukuruz

kolza

uljana repica

meyve ağacı

drvo voća

manyok

manioka

hububat

žito

baca
dimnjak

çatı
krov

yağmur oluğu
oluk

pencere
prozor

garaj
garaža

kapı zili
zvono

kapı
vrata

çöp kutusu
kanta za smeće

posta kutusu
poštanski sandučić

bahçe
bašta

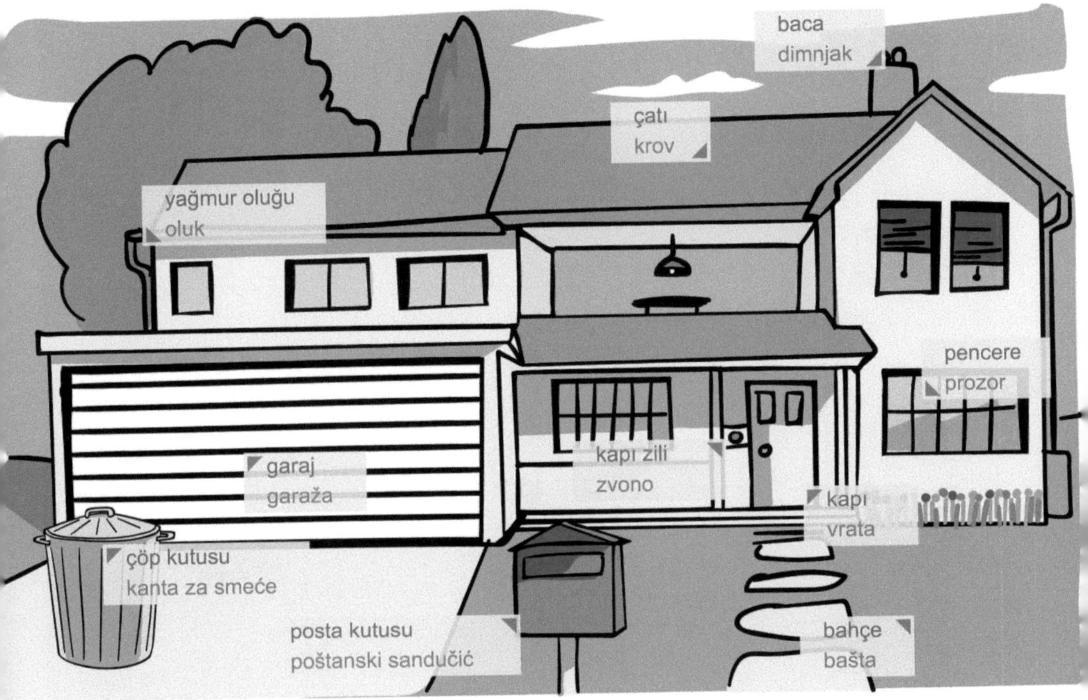

oturma odası

dnevni boravak

banyo

kupatilo

mutfak

kuhinja

yatak odası

spavaća soba

çocuk odası

dječija soba

yemek odası

trpezarija

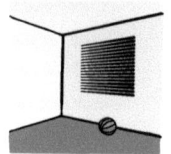

zemin

pod, tlo

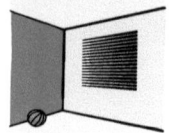

duvar

zid

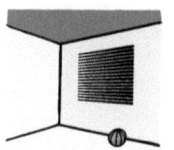

tavan

plafon

kiler

podrum

sauna

sauna

balkon

balkon

teras

terasa

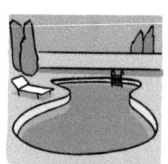

havuz

bazen

çim biçme makinesi

kosilica

çarşaf

posteljina

yatak örtüsü

pokrivač

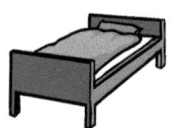

yatak

krevet

süpürge

metla

kova

kanta

anahtar

prekidač

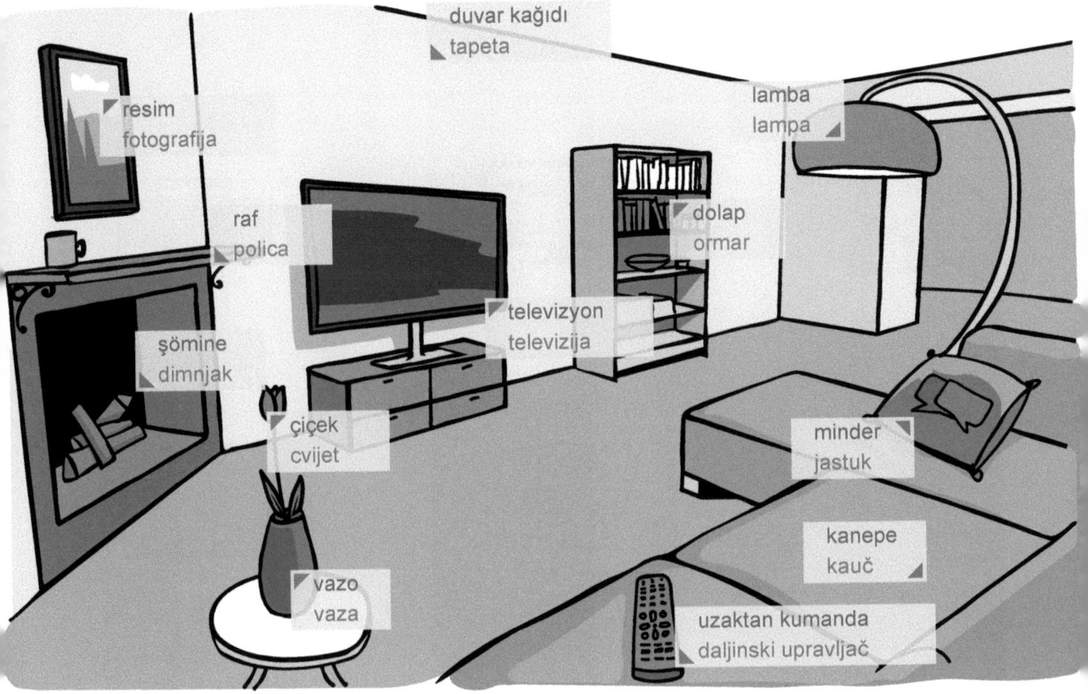

duvar kağıdı
tapeta

resim
fotografija

lamba
lampa

raf
polica

dolap
ormar

şömine
dimnjak

televizyon
televizija

çiçek
cvijet

minder
jastuk

kanepe
kauč

vazo
vaza

uzaktan kumanda
daljinski upravljač

halı
tepih

perde
zavjesa

masa
stol

sandalye
stolica

salıncaklı koltuk
stolica za ljuljanje

koltuk
fotelja

kitap

knjiga

battaniye

deka

dekor

dekoracija

odun

ložno drvo

film

film

hi-fi

stereo uređaj

anahtar

ključ

gazete

novine

tablo

umjetnička slika

poster

poster

radyo

radio

defter

blok za bilješke

elektrikli süpürge

usisavač

kaktüs

kaktus

mum

svijeća

mutfak
kuhinja

buzdolabı
hladnjak
mikrodalga fırın
mikrovalna pećnica
mutfak tartısı
kuhinjska vaga
tost makinesi
toster
deterjan
sredstvo za čišćenje
fırın
rerna
buzluk
zamrzivač
çöp kutusu
kanta za smeće
bulaşık makinesi
mašina za suđe, perilica

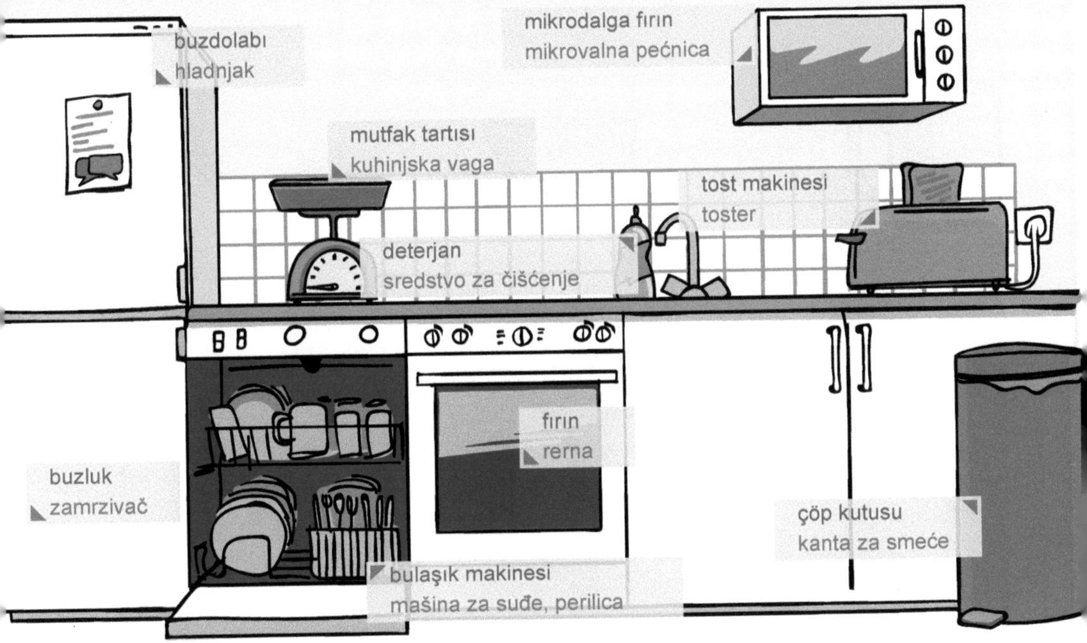

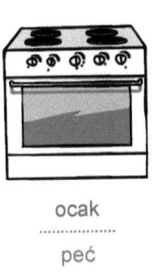

ocak
peć

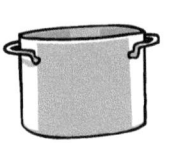

tencere
lonac

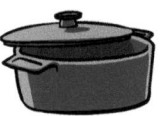

döküm tencere
metalni lonac

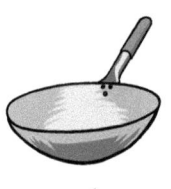

wok
vok / kadai

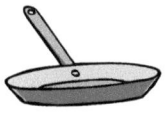

tava
tava, tiganj

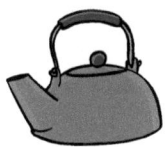

su ısıtıcı
kuhalo

buharlı pişirici

aparat za kuhanje na pari

pişirme tepsisi

lim za pečenje

tabak takımı

posuđe

kupa

šalica

kase

činija

çubuk (çin yemeği)

kineski štapići

kepçe

kutlača

spatula

lopatica

çırpma teli

metlica za snijeg bjelanjca

süzgeç

sito za kuhanje

elek

sito

rende

ribež

havan

avan s tučkom

barbekü

roštilj

açık ateş

ložište

kesme tahtası

daska

merdane

oklagija

tirbüşon

vadičep

konserve kutusu

konzerva

konserve açacağı

otvarač za konzerve

fırın eldiveni

krpe za lonac

evye

sudoper

fırça

četka

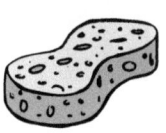

sünger

spužva

blender

mikser

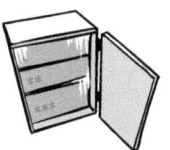

derin dondurucu

zamrzivač

biberon

flašica za bebu

musluk

slavina

mutfak - kuhinja

banyo
kupatilo

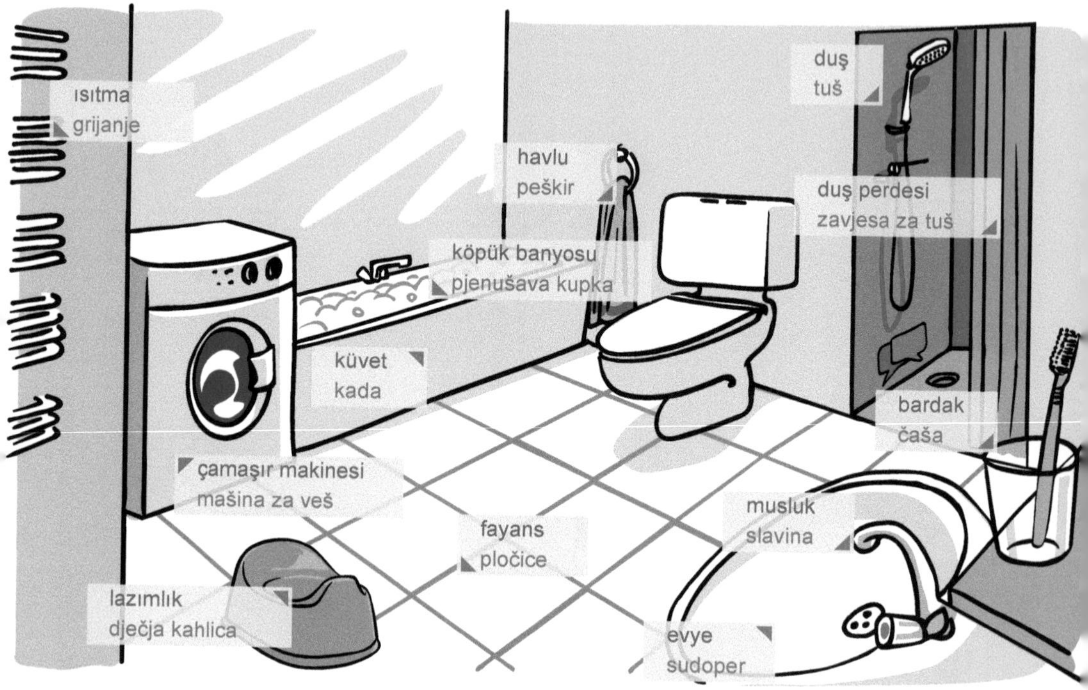
ısıtma
grijanje
havlu
peškir
duş
tuš
duş perdesi
zavjesa za tuš
köpük banyosu
pjenušava kupka
küvet
kada
bardak
čaša
çamaşır makinesi
mašina za veš
musluk
slavina
fayans
pločice
lazımlık
dječja kahlica
evye
sudoper

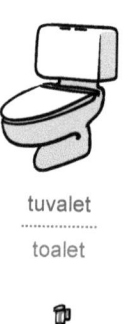

tuvalet

toalet

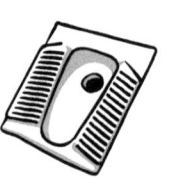

alaturka tuvalet

čučavac

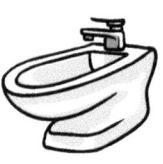

bide

bide

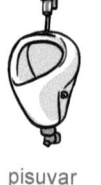

pisuvar

pisoar

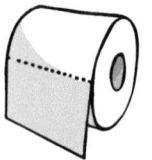

tuvalet kağıdı

toalet papir

tuvalet fırçası

četka za wc

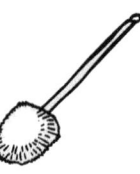

diş fırçası

çetkica za zube

diş macunu

pasta za zube

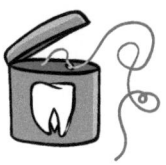

diş ipi

zubni konac

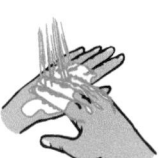

yıkamak

prati

duş başlığı

tuš

duş başlığı şeklinde taharet musluğu

intimni tuš

küvet

lavor

banyo fırçası

çetka za leđa

sabun

sapun

duş jeli

gel za tuširanje

şampuan

šampon

banyo lifi

krpe za pranje

gider

odvod

krem

krema

deodorant

dezodorans

ayna

ogledalo

el aynası

ogledalo za šminkanje

jilet

brijač

tıraş köpüğü

pjena za brijanje

tıraş losyonu

vodica poslije brijanja

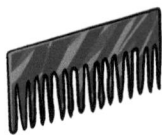

tarak

češalj

fırça

četka

saç kurutma makinesi

fen

saç spreyi

sprej za kosu

makyaj

puder

ruj

karmin

tırnak cilası

lak za nokte

pamuk

vata

tırnak makası

makazice za nokte

parfüm

parfem

makyaj çantası

kozmetička torbica

tabure

hoklica

tartı

vaga

bornoz

kupaći ogrtač

lastik eldiven

rukavice za čišćenje

tampon

tampon

kadın pedi

uložak za dame

kimyevi tuvalet

hemijski toalet

çocuk odası
dječija soba

çalar saat
budilnik
peluş oyuncak
plišana igračka
oyuncak araba
auto za igru
çıngırak
zvečka
bebek evi
kućica za lutke
hediye
poklon
SUPER
MEGA

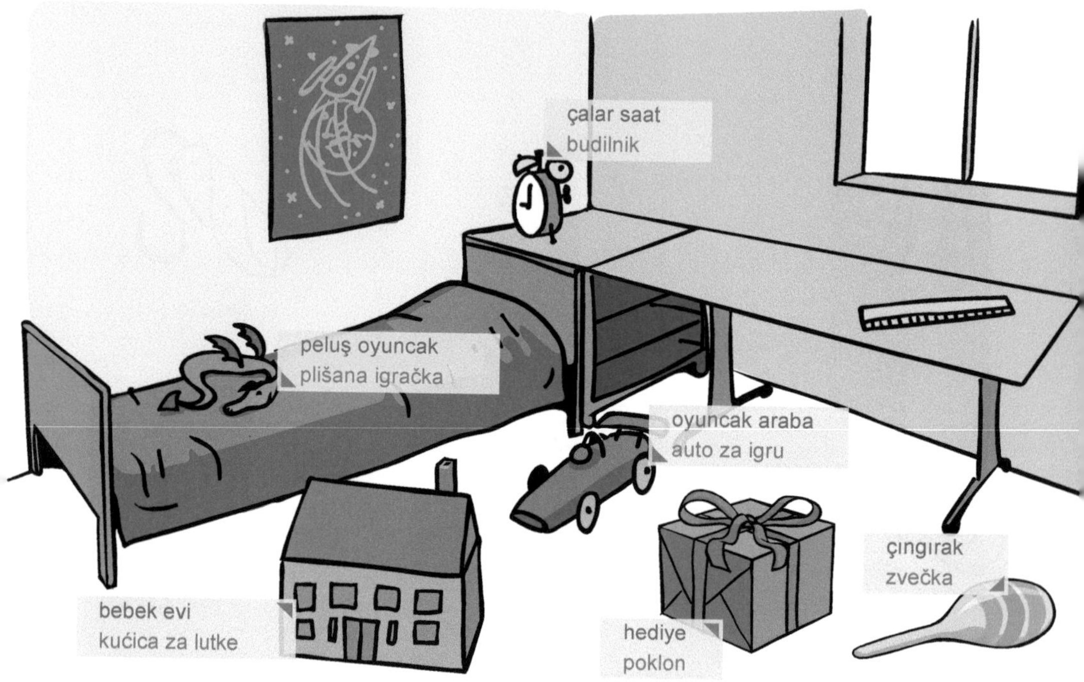

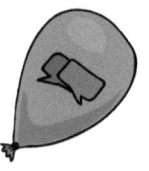

balon

balon

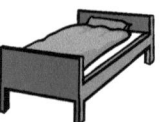

yatak

krevet

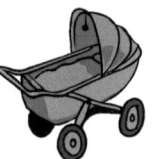

bebek arabası

kolica za djecu

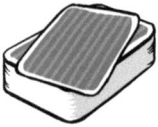

kart destesi

karte za igranje

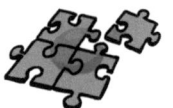

yapboz

puzle

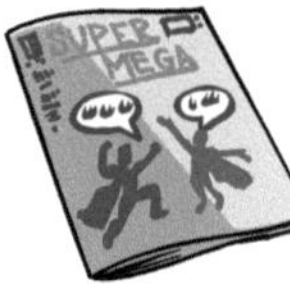

çizgi roman

strip

lego tuğlaları

lego kockice

lego blokları

kockice za gradnju

aksiyon figürü

akcione figure

zıbın

benkica

frizbi

frizbi

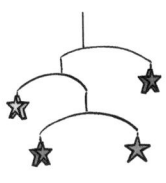

dönence

mobile

masa oyunu

igra na ploči

zar

kocka

model tren seti

miniatura željeznice

emzik

cucla

parti

zabava

resimli kitap

slikovnica

top

lopta

oyuncak bebek

lutka

oynamak

igrati

kum havuzu

pješćanik

salıncak

ljuljačka

oyuncaklar

igračke

video oyun konsolu

konzola za igru

üç tekerlekli bisiklet

triciklo

oyuncak ayı

medvjedić

gardırop

ormar

kıyafet

odjeća

çorap

kratke čarape

külotlu çorap

čarape

tayt

hulahopke

eşarp
šal

şemsiye
kišobran

kemer
kaiš

tişört
majica kratkih rukava

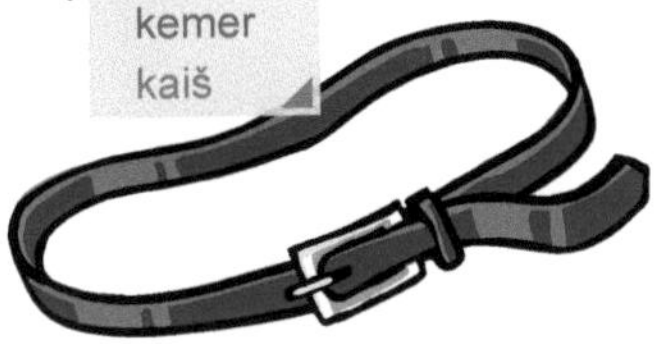

bot
čizme

terlik
papuče

spor ayakkabı
patike

sandalet
....
sandale

ayakkabı
....
cipele

lastik çizme
....
gumene čizme

külot
....
gaće

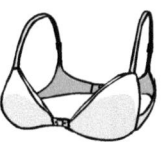

sütyen
....
grudnjak

yelek
....
potkošulja

kıyafet - odjeća

dar bluz
bodi

pantolon
hlače

kot pantolon
farmerke

etek
suknja

bluz
bluza

gömlek
košulja

kazak
džemper

süveter
majica

blazer
sako

ceket
jakna

mont
mantil

yağmurluk
kišni mantil

kostüm
kostim

elbise
haljina

gelinlik
vjenčanica

46   kıyafet - odjeća

takım elbise

odijelo

gecelik

spavaćica

pijama

pidžama

sari

sari

baş örtüsü

marama

türban

turban

burka

burka

kaftan

kaftan

çarşaf

abaja

mayo

kupaći kostim

erkek mayosu

kupaće gaće

şort

kratke hlače

eşofman

trenerka

önlük

pregača

eldiven

rukavice

kıyafet - odjeća

düğme

dugme

gözlük

naočare

bilezik

narukvica

kolye

ogrlica

yüzük

prsten

küpe

naušnica

kep

kapa

portmanto

vješalica

şapka

šešir

kravat

kravata

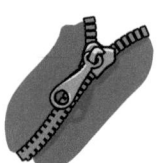

fermuar

patentni zatvarač

kask

kaciga

pantolon askısı

tregeri za hlače

okul forması

školska uniforma

üniforma

uniforma

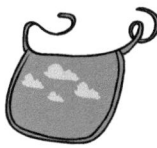

mama önlüğü

podbradak

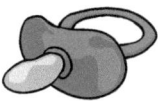

emzik

cucla

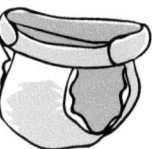

bebek bezi

pelene

ofis
ured

sunucu
server
dosya dolabı
ormar za kartoteku
yazıcı
štampač
kağıt
papir
monitör
monitor
fare
miš
masa
pisaći sto
klasör
registrator
klavye
tastatura
sandalye
stolica
kağıt çöp kutusu
korpa za papir
bilgisayar
kompjuter

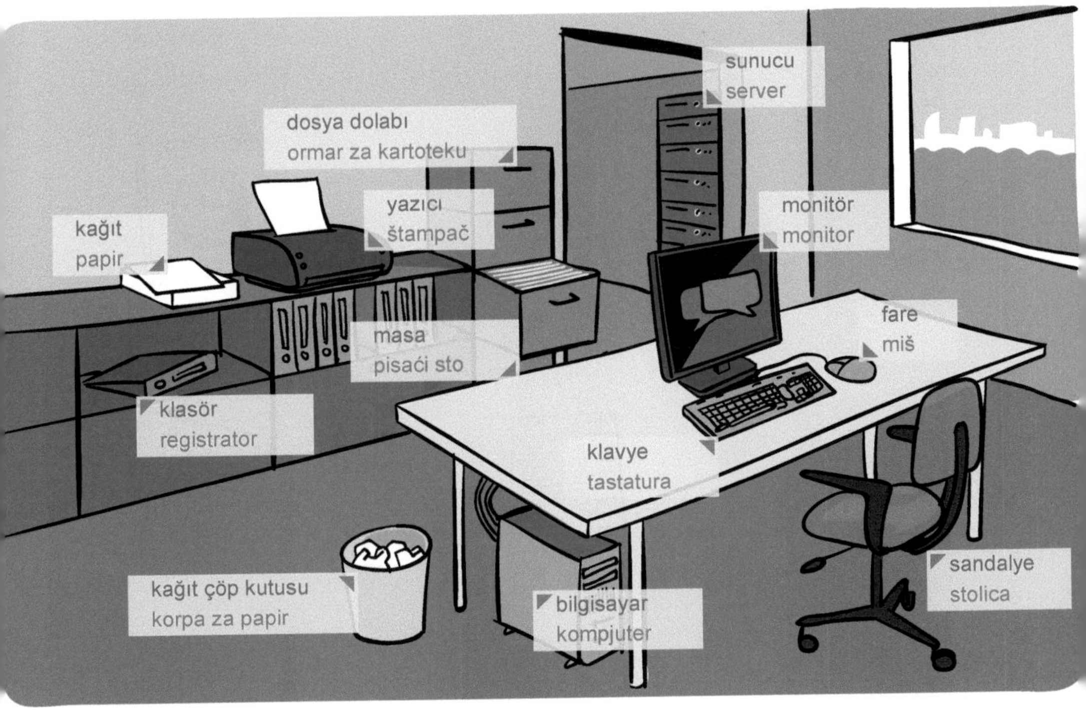

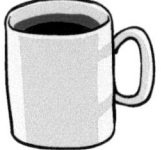

kahve fincanı

šolja za kafu

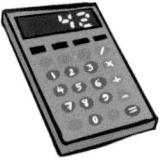

hesap makinesi

kalkulator

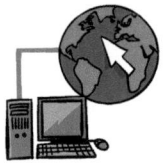

internet

internet

dizüstü

laptop

mektup

pismo

mesaj

poruka

cep telefonu

mobilni telefon

ağ

mreža

fotokopi makinesi

aparat za kopiranje

yazılım

softver

telefon

telefon

priz

utičnica

faks makinesi

faks

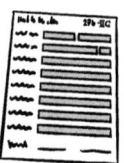

form

formular

belge

dokument

satın almak
....
kupovati

ödemek
....
platiti

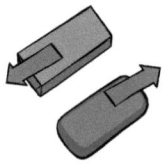

ticaret yapmak
....
trgovati

para
....
novac

dolar
....
dolar

avro
....
euro

yen
....
jen

ruble
....
rublja

İsviçre frangı
....
franak

Çin yuanı
....
renminbi jen

rupi
....
rupi

kasa
....
bankomat

döviz bürosu

mjenjačnica

altın

zlato

gümüş

srebro

petrol

nafta

enerji

energija

fiyat

cijena

kontrat

ugovor

vergi

porez

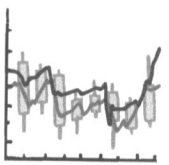

menkul değer

akcija

çalışmak

raditi

işveren

službenik

işçi

poslodavac

fabrika

fabrika

mağaza

radnja

ekonomi - ekonomija

meslekler
zanimanja

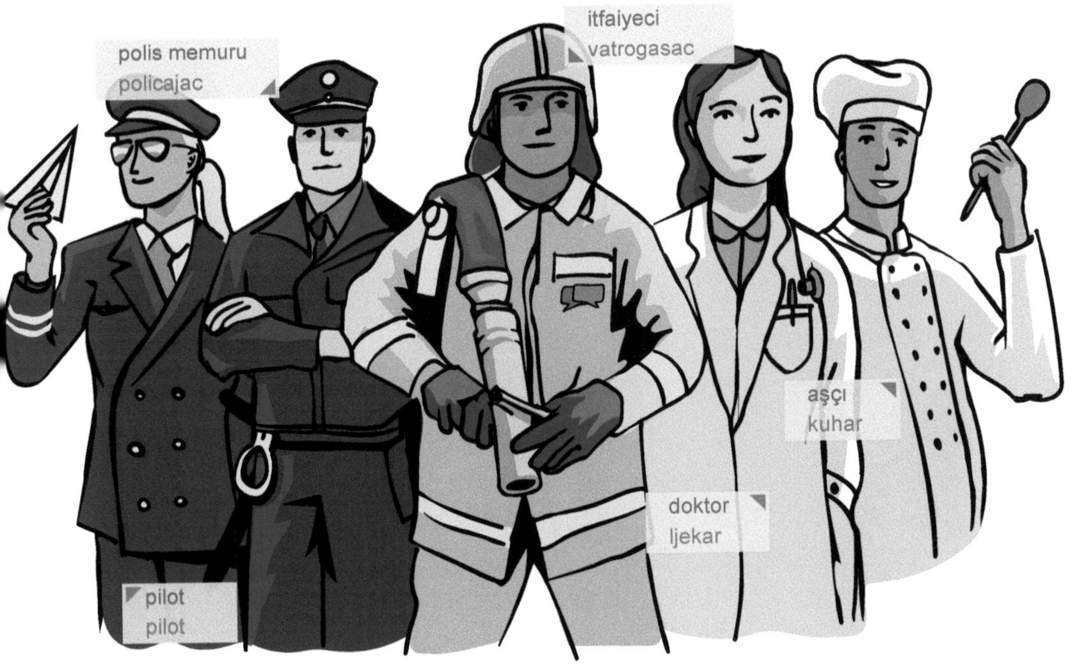
polis memuru
policajac
itfaiyeci
vatrogasac
aşçı
kuhar
doktor
ljekar
pilot
pilot

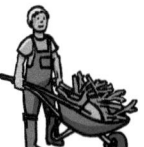

bahçıvan

baštovan

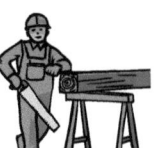

marangoz

stolar

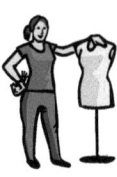

terzi

krojačica

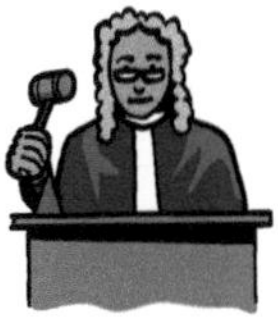

hakim

sudija

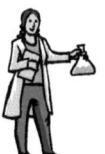

kimyager

hemičar

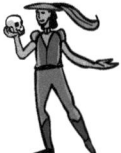

aktör

glumac

otobüs şoförü

vozač autobusa

taksi şoförü

vozač taksija

balıkçı

ribar

temizlikçi

čistačica

çatı ustası

krovopokrivač

garson

konobar

avcı

lovac

boyacı

moler

fırıncı

pekar

elektrikçi

električar

inşaatçı

građevinski radnik

mühendis

inženjer

kasap

koljač

muslukçu

limar, vodoinstalater

postacı

poštar

meslekler - zanimanja

asker

vojnik

mimar

arhitekta

kasiyer

blagajnik

çiçekçi

cvjećar

kuaför

frizer

kondüktör

kontrolor

tamirci

mehaničar

kaptan

kapiten

dişçi

zubar

bilim insanı

naučnik

haham

rabin

imam

imam

keşiş

monah

rahip

sveštenik

aletler
alat

penseler
kliješta
çekiç
čekić
tornavida
izvijač
İngiliz anahtarı
vijčani ključ
el feneri
džepna lampa

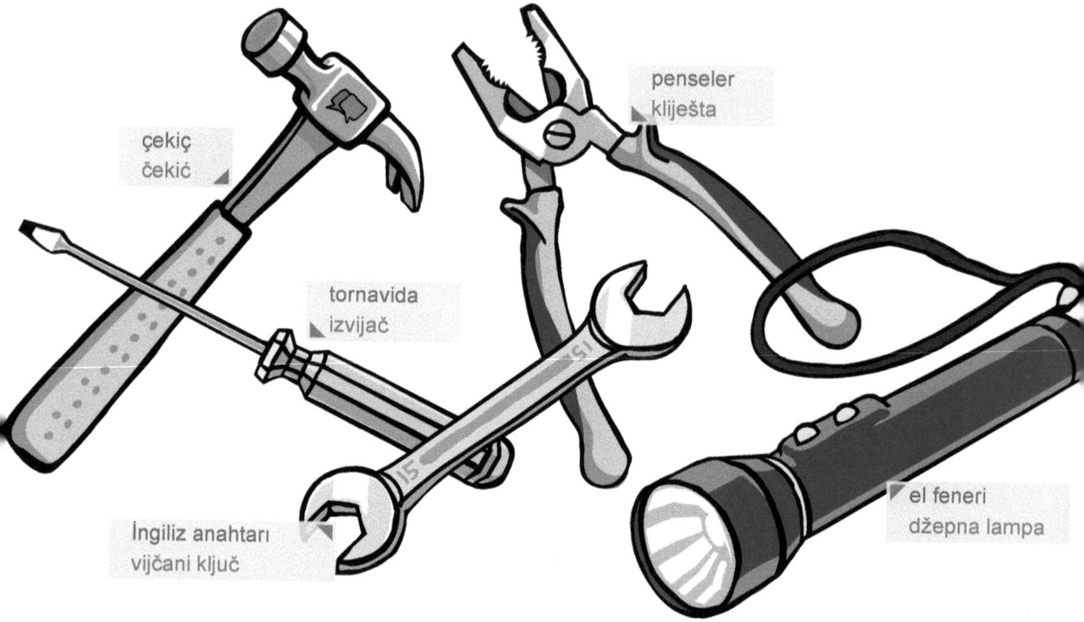

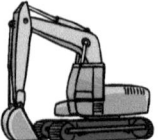

kazı makinesi

bager

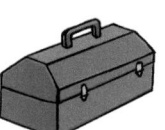

alet çantası

kutija sa alatom

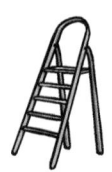

merdiven

ljestve

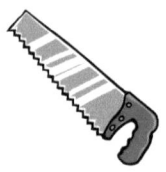

testere

testera, pila

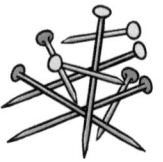

çiviler

ekser

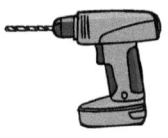

matkap

bušilica

tamir etmek

popraviti

kürek

lopata

Kahretsin!

sranje!

faraş

lopatica

boya tenekesi

kanta boje

vidalar

vijak

müzik enstrümanı
muzički instrumenti

bateri seti
bubnjevi

hoparlör
zvučnik

gitar
gitara

kontrbas
kontrabas

trompet
truba

piyano

klavir

keman

violina

basgitar

bas

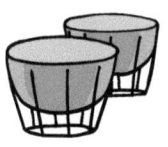

timpani

bubanj timpani

bateri

bubanj

klavye

sintisajzer

saksafon

saksofon

flüt

flauta

mikrofon

mikrofon

müzik enstrümanı - muzički instrumenti

hayvanat bahçesi
zološki vrt

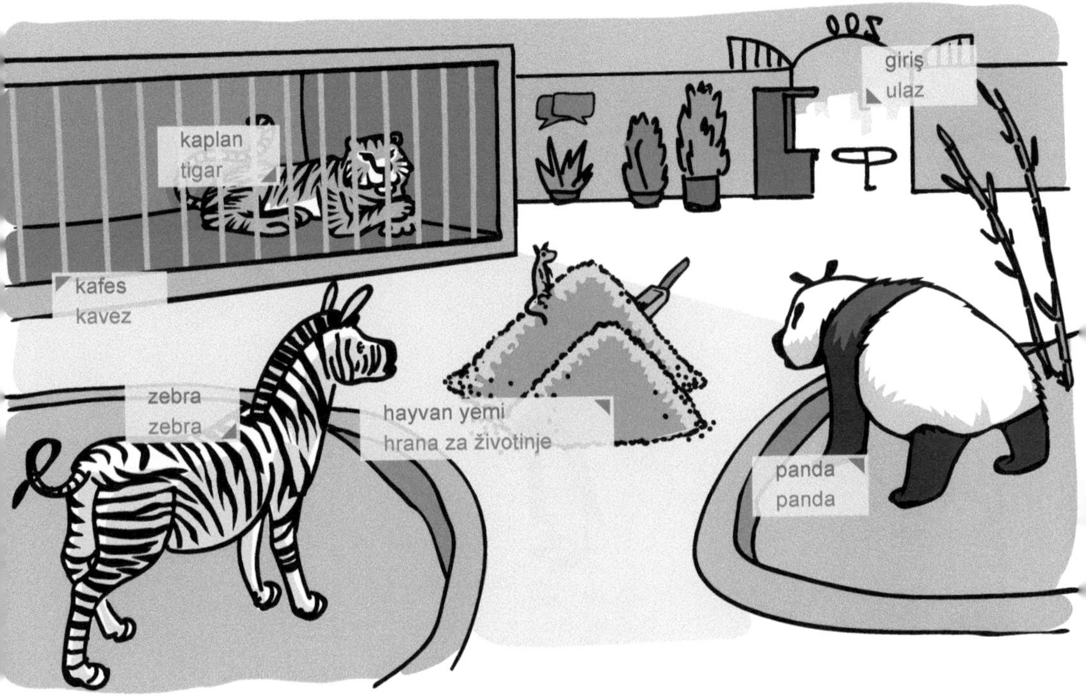
zoo
giriş
ulaz
kaplan
tigar
kafes
kavez
zebra
zebra
hayvan yemi
hrana za životinje
panda
panda

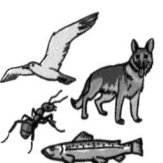

hayvanlar
životinje

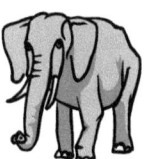

fil
slon

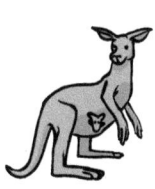

kanguru
kengur

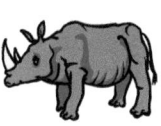

gergedan
nosorog

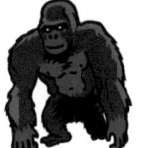

goril
gorila

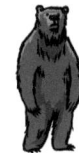

ayı
medvjed

deve

kamila

deve kuşu

noj

aslan

lav

maymun

majmun

flamingo

flamingo

papağan

papagaj

kutup ayısı

polarni medvjed

penguen

pingvin

köpek balığı

morski pas

tavus kuşu

paun

yılan

zmija

timsah

krokodil

hayvanat bahçesi görevlisi

čuvar u zološkom vrtu

fok

tuljan

jaguar

jaguar

hayvanat bahçesi - zoološki vrt

midilli atı

poni

leopar

leopard

su aygırı

nilski konj

zürafa

žirafa

kartal

orao

yaban domuzu

divlja svinja

balık

riba

kaplumbağa

kornjača

mors

morž

tilki

lisica

ceylan

gazela

amerikan futbolu
američki fudbal

bisiklete binme
vožnja bicikla

tenis
tenis

basketbol
košarka

yüzme
plivanje

boks
boks

buz hokeyi
hokej na ledu

futbol
fudbal

badminton
bedminton

atletizm
laka atletika

hentbol
rukomet

kayak
skijanje

polo
polo

gülmek
smijati se

atlamak
skakati

sarılmak
zagrliti

yürümek
ići

söylemek
pjevati

hayal etmek
sanjati

dua etmek
moliti

öpmek
ljubiti

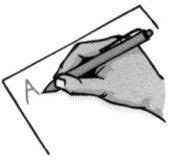

yazmak

pisati

çizmek

crtati

göstermek

pokazati

itmek

gurati

vermek

dati

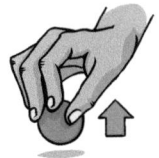

almak

uzeti

sahip olmak

imati

yapmak

raditi

olmak

biti

ayakta durmak

stajati

koşmak

trčati

çekmek

vući

atmak

baciti

düşmek

pasti

yalan söylemek

ležati

beklemek

čekati

taşımak

nositi

oturmak

sjediti

giyinmek

obući

uyumak

spavati

uyanmak

probuditi

bakmak

pogledati

ağlamak

plakati

vurmak

milovati

taramak

češljati

konuşmak

govoriti

anlamak

razumjeti

sormak

pitati

dinlemek

slušati

içmek

piti

yemek

jesti

düzenlemek

pospremiti

sevmek

voljeti

pişirmek

kuhati

sürmek

voziti

uçmak

letjeti

denize açılmak

jedriti

hesapla

računati

okumak

čitati

öğrenmek

učiti

çalışmak

raditi

evlenmek

vjenčavti

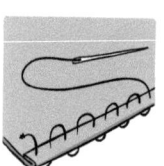

dikmek

šiti

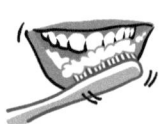

diş fırçalamak

prati zube

öldürmek

ubiti

sigara içmek

pušiti

yollamak

slati

aile

porodica

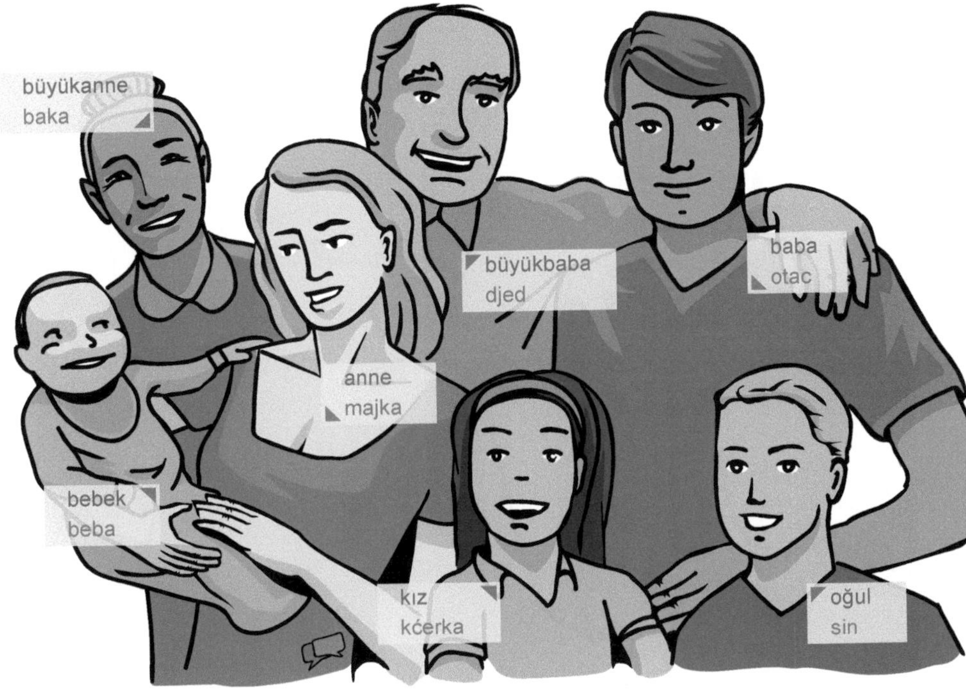

büyükanne
baka
büyükbaba
djed
baba
otac
anne
majka
bebek
beba
kız
kćerka
oğul
sin

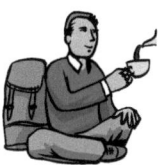

misafir

gost

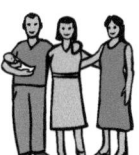

teyze

ujna, tetka, strina

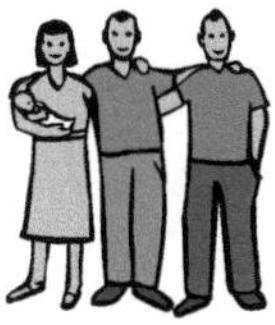

amca

ujak, tetak, stric

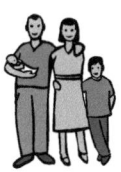

erkek kardeş

brat

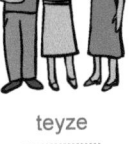

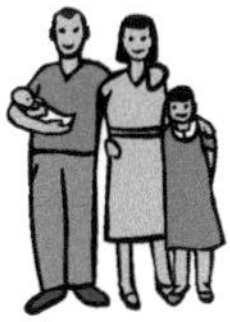

kız kardeş

sestra

vücut

tijelo

alın
čelo
göz
oko
omuz
leđa
parmak
prst
yüz
lice
çene
brada
el
ruka, šaka
göğüs
grudi
bacak
noga
kol
ruka

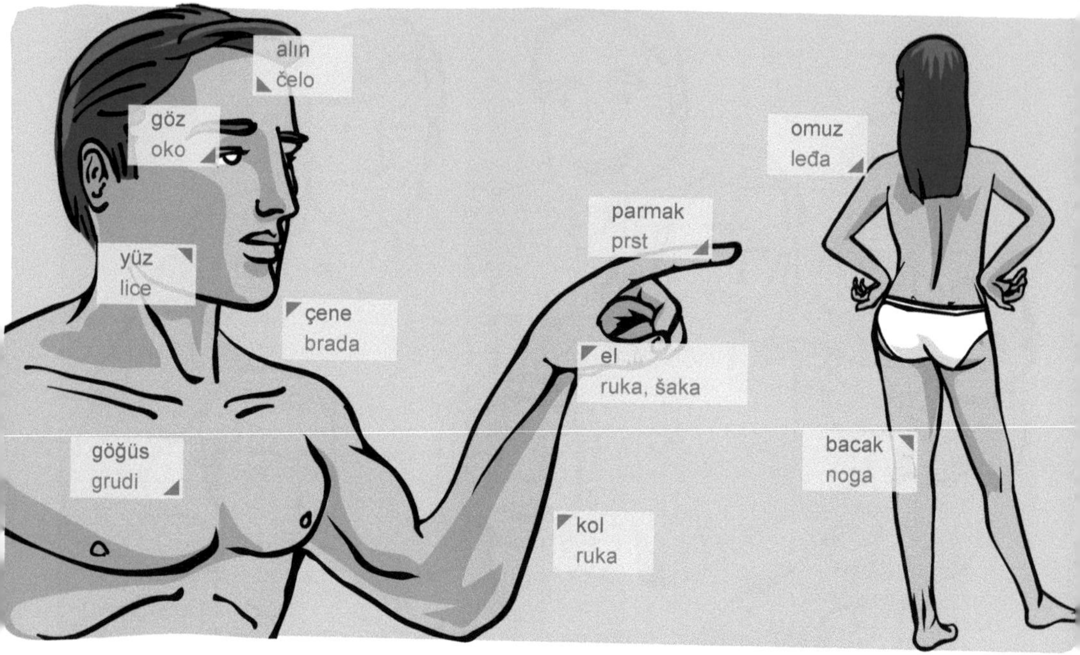

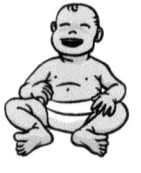

bebek

beba

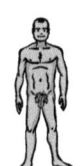

adam

muškarac

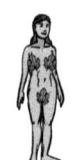

kadın

žena

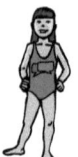

kız

djevojčica

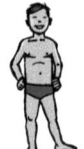

erkek çocuk

dječak

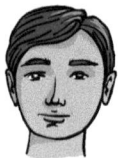

baş

glava

sırt
leđa

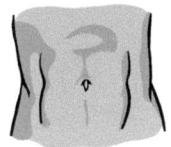

karın
stomak

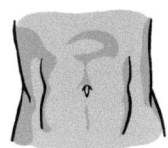

göbek
pupak

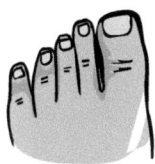

ayak parmağı
nožni prst

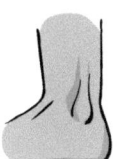

topuk
peta

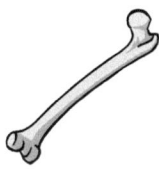

kemik
kosti

kalça
kuk

diz
koljeno

dirsek
lakat

burun
nos

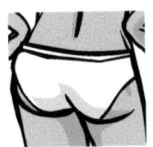

kalça
stražnjica

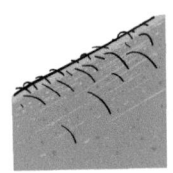

deri
koža

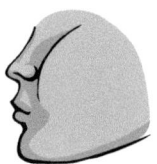

yanak
obraz

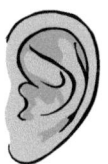

kulak
uho

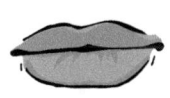

dudak
usna

vücut - tijelo

ağız
....
usta

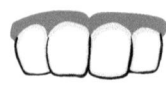

diş
....
zub

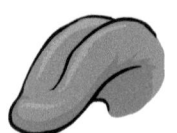

dil
....
jezik

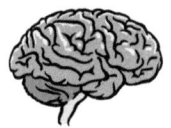

beyin
....
mozak

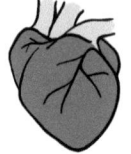

kalp
....
srce

kas
....
mišić

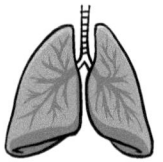

akciğer
....
pluća

karaciğer
....
jetra

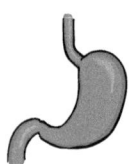

mide
....
želudac

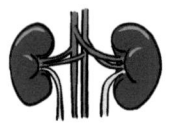

böbrekler
....
bubreg

seks
....
spolni odnos

prezervatif
....
kondom

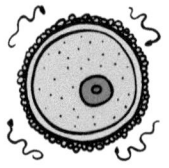

yumurtalık
....
jajna ćelija

sperm
....
sperma

hamilelik
....
trudnoća

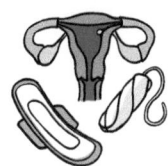

regl

menstruacija

vajina

vagina

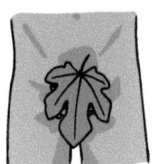

penis

penis

kaş

obrva

saç

kosa

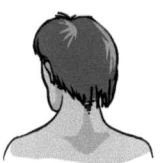

boyun

vrat

hastane
bolnica

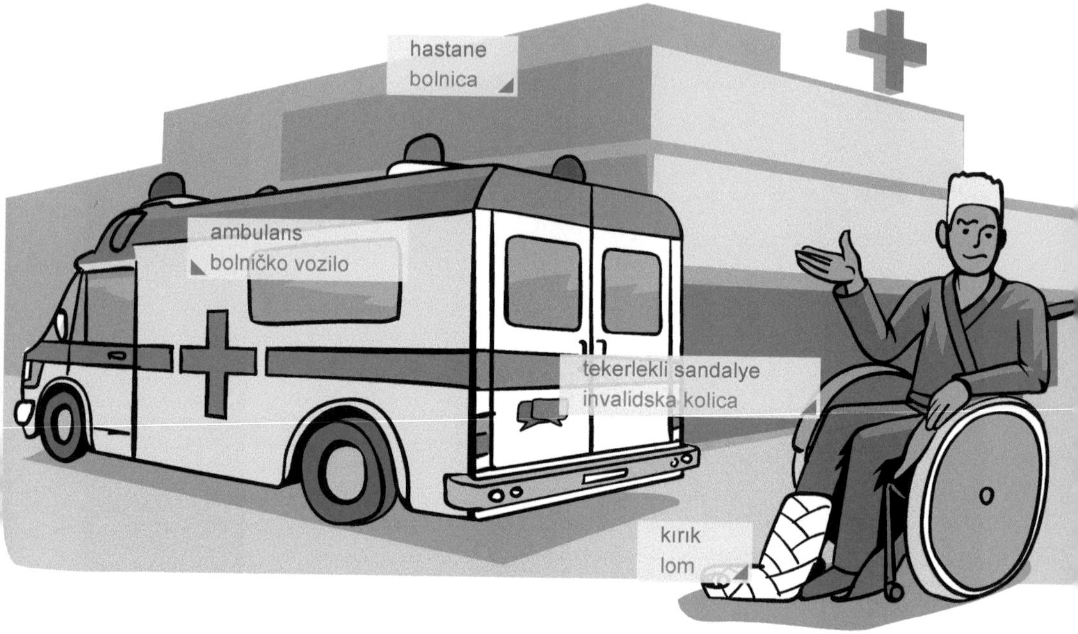

hastane
bolnica
ambulans
bolničko vozilo
tekerlekli sandalye
invalidska kolica
kırık
lom

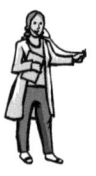

doktor

ljekar

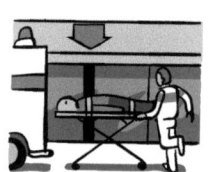

acil servis

hitna služba

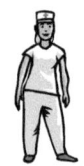

hemşire

medicinska sestra

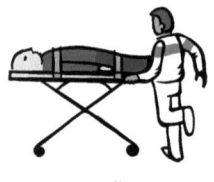

acil

hitna pomoć

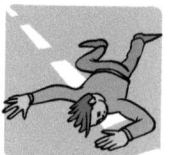

baygın

nesvjest

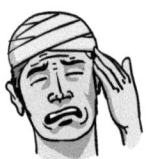

acı

bol

yaralanma

povreda

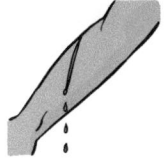

kanama

krvarenje

kalp krizi

srčani udar, infarkt

felç

moždani udar

alerji

alergija

öksürük

kašalj

ateş

groznica

grip

gripa

ishal

proljev

baş ağrısı

glavobolja

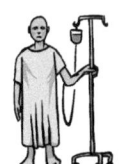

kanser

rak

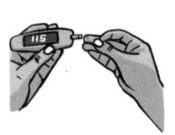

şeker hastalığı

dijabetes

cerrah

hirurg

neşter

skalpel

operasyon

operacija

bilgisayarlı tomografi

CT

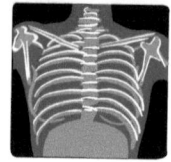

röntgen

rendgen

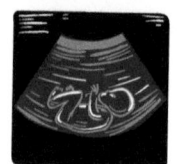

ultrason

ultrazvuk

yüz maskesi

maska

hastalık

bolest

bekleme odası

čekaonica

koltuk değneği

štake

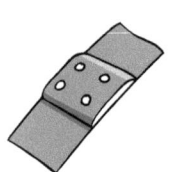

yara bandı

flaster

bandaj

zavoj

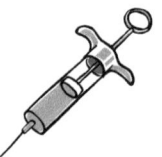

enjeksiyon

injekcija

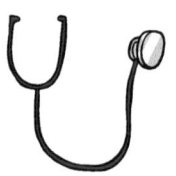

steteskop

stetoskop

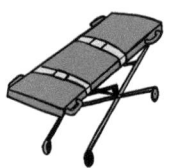

sedye

nosilo

tıbbi termometre

termometar

doğum

porod

fazla kilo

prekomjerna težina, debljina

işitme cihazı

slušni aparat

dezenfektan

sredstvo za dezinfekciju

enfeksiyon

infekcija

virüs

virus

HIV / AIDS

HIV/ AIDS

ilaç

medicina

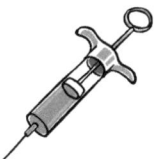

aşı

vakcinacija

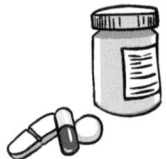

tablet

tablete

hap

pilula

acil çağrı

hitni poziv

tansiyon aleti

aparat za mjerenje pritiska

hasta / sağlıklı

bolestan / zdrav

İmdat!

Upomoć!

alarm

alarm

darp

napad, prepad

saldırı

napad

tehlike

opasnost

acil çıkış

izlaz u slučaju opasnosti

Yangın!

Požar!

yangın tüpü

vatrogasni aparat

kaza

nezgoda

ilk yardım çantası

torba prve pomoći

imdat

SOS

polis

policija

Avrupa

Europa

Kuzey Amerika

Sjeverna Amerika

Güney amerika

Južna Amerika

Afrika

Afrika

Asya

Azija

Avustralya

Australija

Atlantik

Atlantik

Pasifik

Pacifik

Hint Okyanusu

Indijski okean

Antarktika Okyanusu

Antarktički okean

Arktik Okyanusu

Arktički okean

Kuzey Kutbu

Sjeverni pol

Güney Kutbu

Južni pol

Antarktika

Antarktik

dünya

Zemlja

kara

zemlja

deniz

more

ada

ostrvo

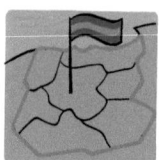

ulus

nacija

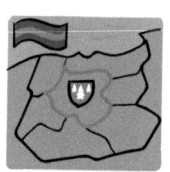

ülke

država

kadran

brojčanik sata

akrep

kazaljka sata

yelkovan

kazaljka minute

saniye ibresi

kazaljka sekunde

Saat kaç?

Koliko je sati?

gün

dan

zaman

vrijeme

şimdi

sada

dijital saat

digitalni sat

dakika

minuta

saat

sat

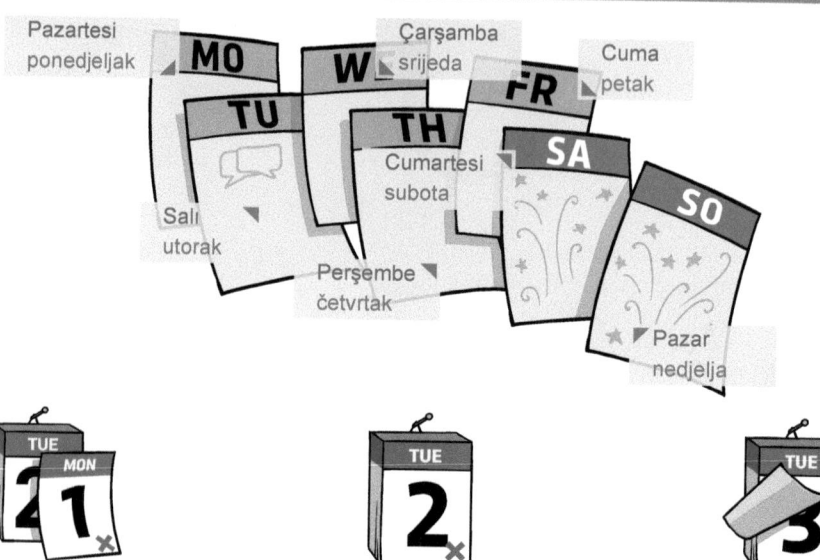

Pazartesi
ponedjeljak

Çarşamba
srijeda

Cuma
petak

Salı
utorak

Cumartesi
subota

Perşembe
četvrtak

Pazar
nedjelja

dün

juče

bugün

danas

yarın

sutra

sabah

jutro

öğle

podne

akşam

veče

MO	TU	WE	TH	FR	SA	SU
1	2	3	4	5	6	7
8	9	10	11	12	13	14
15	16	17	18	19	20	21
22	23	24	25	26	27	28
29	30	31	1	2	3	4

iş günleri

radni dani

MO	TU	WE	TH	FR	SA	SU
1	2	3	4	5	6	7
8	9	10	11	12	13	14
15	16	17	18	19	20	21
22	23	24	25	26	27	28
29	30	31	1	2	3	4

hafta sonu

vikend

yıl
godina

yağmur
kiša
gökkuşağı
duga
rüzgar
vjetar
kara
snijeg
bahar
proljeće
yaz
ljeto
sonbahar
jesen
kış
zima

4.APRIL 11°
5.APRIL 4°
6.APRIL 13°
7.APRIL 8°
8.APRIL 10°

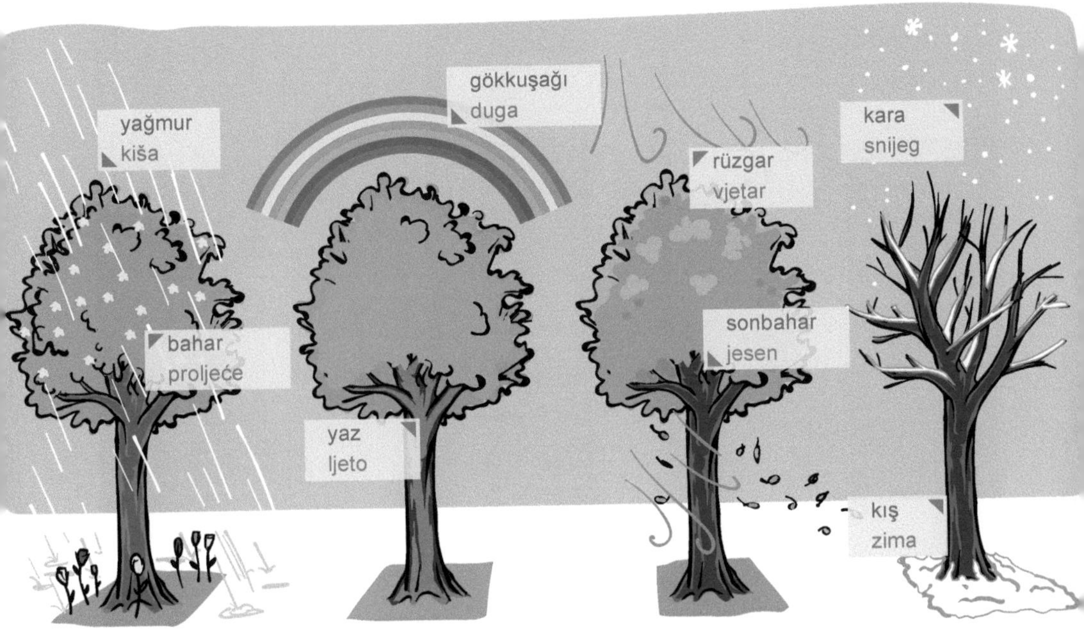

hava durumu tahmini

prognoza vremena

F
C
120
90
60
30
0
-30
40
30
20
10
0
-10
-20

termometre

termometar

güneş ışığı

sunčev sjaj

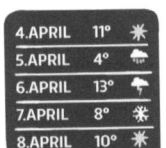

bulut

oblak

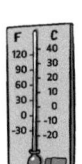

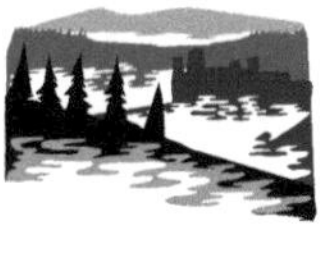

sis

magla

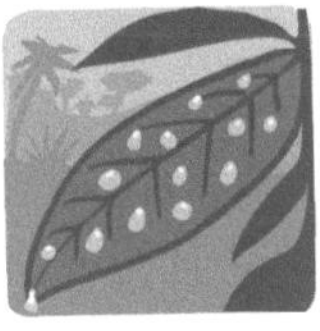

nem

vlažnost vazduha

şimşek

munja

gök gürültüsü

grom

fırtına

oluja

dolu

tuča, led

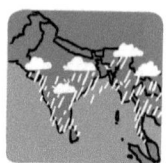

muson

monsun

sel

poplava

buz

led

Ocak

januar

Şubat

februar

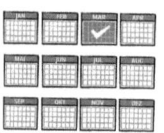

Mart

mart

Nisan

april

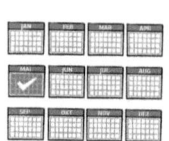

Mayıs

maj

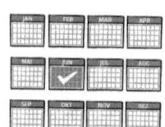

Haziran

juni

Temmuz

juli

Ağustos

avgust

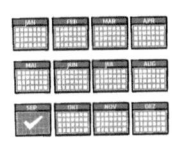

Eylül
....
septembar

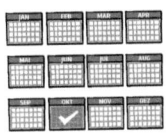

Ekim
....
oktobar

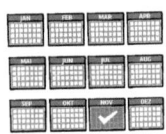

Kasım
....
novembar

Aralık
....
decembar

şekiller
oblici

daire
....
krug

kare
....
kvadrat

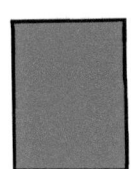

dikdörtgen
....
pravougao

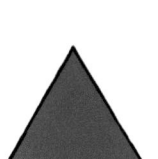

üçgen
....
trougao

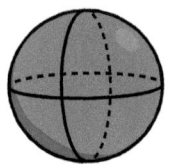

küre
....
kugla

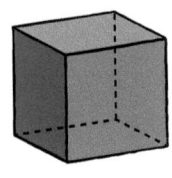

küp
....
kocka

beyaz
bjel

sarı
žut

turuncu
narandžast

pembe
pink

kırmızı
crven

mor
ljubičast

mavi
plav

yeşil
zelen

kahverengi
smeđ

gri
siv

siyah
crn

çok / az

malo / mnogo

kızgın / sakin

ljutit / miran

güzel / çirkin

lijep / ružan

başlangıç / son

početak / kraj

büyük / küçük

veliki / mali

parlak / karanlık

svijetlo / tamno

erkek kardeş / kız kardeş

brat / sestra

temiz / kirli

čist / prljav

tamam / eksik

potpun / nepotpun

gün / gece

dan / noć

ölü / canlı

mrtav / živ

geniş / dar

široko / usko

yenilebilir / yenilemez

ukusno / neukusno

kötü / iyi

zao / prijatan

heyecanlı / sıkılmış

uzbuđen / dosadan

şişman / zayıf

debeo / mršav

ilk / son

najprije / najkasnije

dost / düşman

prijatelj / neprijatelj

dolu / boş

pun / prazan

sert / yumuşak

trvd / mekan

ağır / hafif

težak / lagan

açlık / susuzluk

glad / žeđ

hasta / sağlıklı

bolestan / zdrav

yasa dışı / yasal

ilegalan / legalan

zeki / aptal

inteligentan / glup

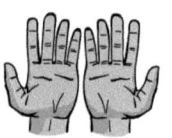

sol / sağ

lijevo / desno

yakın / uzak

blizu / daleko

zıt anlamlılar - suprotnosti

yeni / kullanılmış

nov / polovan

hiçbir şey / bir şey

ništa / nešto

yaşlı / genç

star / mlad

açma / kapama

ukljućeno / iskljućeno

açık / kapalı

otvoreno / zatvoreno

sessiz / gürültülü

tiho / glasno

zengin / fakir

bogat / siromašan

doğru / yanlış

tačno / pogrešno

pürüzlü / düz

hrapav / glatak

üzgün / mutlu

tužan / srećan

kısa / uzun

kratak / dug

yavaş / hızlı

spor / brz

ıslak / kuru

mokro / suho

sıcak / serin

toplo / hladno

savaş / barış

rat / mir

0

sıfır

nula

1

bir

jedan

2

iki

dva

3

üç

tri

4

dört

četiri

5

beş

pet

6

altı

šest

7

yedi

sedam

8

sekiz

osam

9

dokuz

devet

10

on

deset

11

on bir

jedanaest

12

on iki

dvanaest

13

on üç

trinaest

14

on dört

četrnaest

15

on beş

petnaest

16

on altı

šesnaest

17

on yedi

sedamnaest

18

on sekiz

osamnaest

19

on dokuz

devetnaest

20

yirmi

dvadeset

100

yüz

sto

1.000

bin

hiljada

1.000.000

milyon

milion

İngilizce

engleski

Amerikan İngilizcesi

američki engleski

Çince (Mandarin)

kinesko mandarinski

Hintçe

hindi

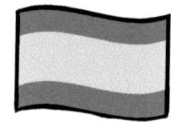

İspanyolca

španski

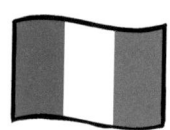

Fransızca

francuski

Arapça

arapski

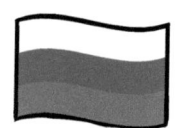

Rusça

ruski

Portekizce

portugalski

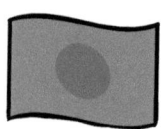

Bengalce

bengalski

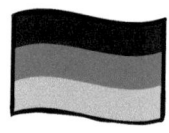

Almanca

njemački

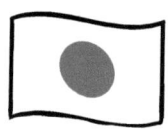

Japonca

japanski

ben
ja

sen
ti

o
on / ona / ono

biz
mi

siz
vi

onlar
oni

kim?
ko?

ne?
šta?

nasıl?
kako?

nerede?
gdje?

ne zaman?
kada?

isim
ime

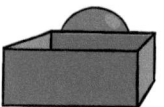

arkasında

iza

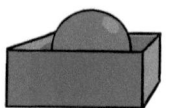

içinde

u

önünde

pred

üzerinde

iznad

üstünde

na

altında

ispod

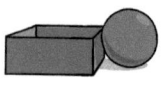

yanında

pored

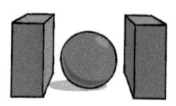

arasında

između

yer

mjesto